AF579539

MEMOIRE
DV CHEVALIER DE CLERVILLE,

ſur ce qui reſte à faire au Port de Cette, pour en enlever les ſables qui s'y trouvent preſentement, & pour empêcher que deſormais, il ne s'y en amaſſe, en un même eſpace de temps, une pareille quantité, qu'il s'y en eſt amaſſé par le paſſé. Et enfin ſur ce qui eſt encore à y faire pour la commodité du Commerce, & pour la perfection du même Port, auſſi bien que pour l'ouverture de l'Eſtang de Thau, avec les Devis particuliers de châcune des choſes, qui ſont à faire pour ces fins-là.

A MONTPELIER,

Par DANIEL PECH, Imprimeur ordinaire du Roy, de Monſeigneur l'Eveſque, & de ladite Ville.

M. DC. LXXVII.

PLAN DV PORT DE CETTE, AVEC LES QVAYS, ET AVTRES OVVRAGES PROPOSE'S A Y FAIRE.

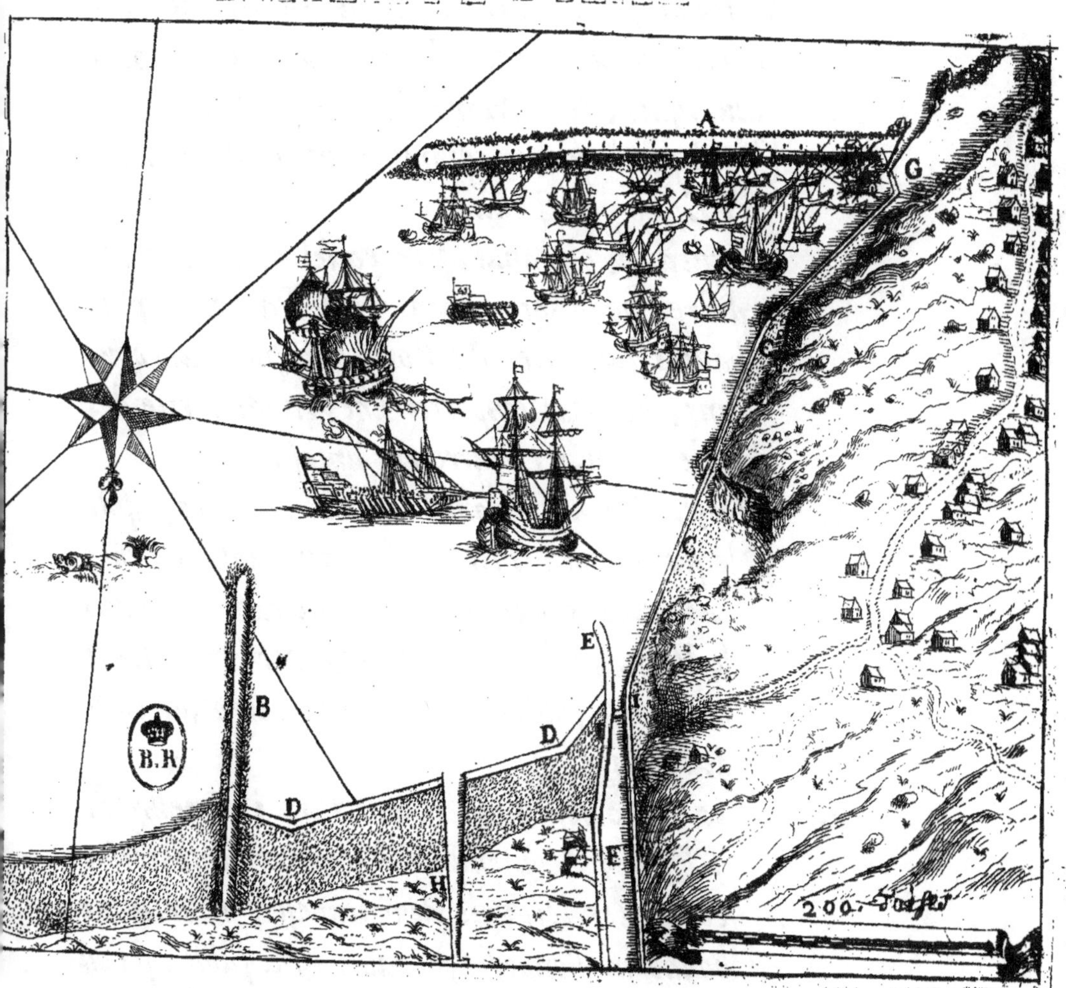

A. *La grande jettée, contenant 325. toises courantes.*

B. *La petite jettée, contenant 224. toises courantes.*

C.C. *Quays proposés à faire du côté de la Montague.*

D.D. *Autres Quays proposés à faire du costé de la plage.*

E. *Iettée proposée à faire, sur des encaissemens, à l'emboucheure du canal, par lequel on doit communiquer, de la Mer à l'Estang de Thau.*

F. *Canal par lequel on communiquera, de la Mer, à l'Estang de Thau.*

G. *Aqueduct, ou canal, par lequel on peut introduire, pendant certains vents, des eaux plus hautes que celles du Port, qui, par leurs courans, doivent emporter une grande partie des sables, qui s'y pourroient amasser.*

H. *Projet d'un autre canal du costé de la plage, par lequel on peut introduire, pendant les vents de terre, des courans d'une telle rapidité, dans le Port, qu'ils pourront emporter la meilleure partie des sables, qui s'y amasseroient, du costé de la plage.*

I.I. *Les deux costés de l'ouverture interieure de l'Estang, contenant chacun nonante toises courantes, lesquels devoient estre revêtus de bonne massonnerie à chaux & à sable, si l'on a dequoy le pouvoir faire, faute dequoy ils devront estre garnis d'un bon mur de pierre seche, qui suive les taluts des bords dudit canal.*

MEMOIRE DU CHEVALIER de Clerville, sur ce qui reste à faire au Port de Cette; pour en enlever les sables, qui s'y trouvent presentement, & pour empêcher que, desormais, il ne s'y en amasse; en un même espace de temps, une pareille quantité, qu'il s'y en est amassé par le passé. Et enfin sur ce qui est, encore, à y faire pour la commodité du Commerce, & pour la perfection du mesme Port, aussi bien que pour l'ouverture de l'Estang de Thau, avec les Devis particuliers de châcune des choses, qui sont à faire, pour ces fins-là.

IL y a deux sortes d'Ouvrages à faire au Port de Cette; Les uns sont d'une indispensable necessité: comme de le curer, aussi bien que de l'entretenir dans une perpetuelle netteté; & les autres sont d'une absoluë commodité; comme d'y faire des Quays, & d'ouvrir le Canal de l'estang de Thau; par lequel les Barques du Pays, puissent entrer dans le Port, & du Port, entrer aussi avant dans le Pays, que le Canal de lajonction des Mers, & les Rivieres navigables se peuvent estendre. Mais parceque la necessité de l'entretenir dans une perpetuelle netteté, à quelque relation avec la construction des Quays proposez à faire à l'entour de son Bassin; Parceque le rapport des Eaux qui frapperont à plomb contre leurs Murs entretiendra toûjours quelque fond auprés d'iceux; Le Chevalier de Clervile estime que l'on deût commancer la cure du Port, par la partie du Ban, qui est proche du bout de la grande jettée, attenant de la Montagne, & qu'on y addossat en mesme temps l'un de ces Quays, lequel est proposé à faire, dépuis le bout de ladite jettée, jusques au Canal, qui communique avec l'Estang de Thau, dont les Eaux ne doivent pas (au moins qu'on en puisse esperer) faire de moindres effets, que celles de l'Estang de Frontignan, qui ont creusé un fond, de plus de trois pieds, dans l'ouverture de la Chaussée, qui s'est dépuis peu de temps, construitte pour le traverser.

Cependant pour prouver le bon effet, que le rapport des Eaux, qui flotteroient contre les Quays de question, peut promettre; il ne faut que regarder le notable fond, qui s'est conservé tout au long de ladite grande jettée, dépuis un bout jusques à l'autre, & rechercher, par quel respect, le ban qui s'est formé du costé de la Montagne, n'a pas entierement coulé sur l'espace, qui regne entre ses sables, & le bout interieur de cette jettée, & qu'il y a laissé dequoy loger quatre rangs des plus grosses Barques, qui soient à la Mer; lesquelles y flottent, presentement, sur un fond de neuf pieds d'Eau.

Aprés

Aprés quoy l'on trouvera qu'on ne peut attribüer un effet, non-seulement si heureux: mais encore si admirable, qu'au rapport, oû au ressac des Eaux quiflottent, & frappent à plomb contre ladite jettée.

Mais pour prouver l'utilité de commancer la cure de ce Port, par la construction du Quay adjacent à la Montagne; C'est qu'en ce faisant l'on se pourra délivrer d'une partie des sables de ce ban là, sans machines de grand'finesse, & qu'on la pourra loger sans une fort grande dépense, derriere les Murs du Quay susdit. Outre qu'on peut encore adjoûter à la commodité de ce Quay, que la soüille des Bastimens qui moüilleront proche d'iceluy, & qui s'y amarreront, contribüera encore à y empescher l'ensablement, par le frequent mouvement qui s'y fera de ceux qui aborderont en ces endroits là, où la bonne tenuë des fonds, les y maintiendra la plus part du temps, aussi bien qu'ailleurs, tout de même que par celuy des autres qui s'en retireront pour s'en aller à la Mer, où pour entrer dans l'estang de Thau.

La construction de ce Quay-là se peut faire d'un bon Mur de Massonnerie bien fondé, qui aura deux Toises de hauteur, sur une Toise d'espaisseur reduite avec son couridor, par en bas, & ses degrés pour y descendre, aussi-bien qu'avec ses Colonnetes pour y amarrer les cables des Bâtimens, & son pavé par dessus; ainsi qu'il sera dit plus amplement dans un Devis particulier, qui en sera inseré à la fin de ce memoire.

Toutefois, parceque la jettée, opposée à ce premier Quay; laquelle doit deffendre l'embouchure du Canal de l'Eſtang, & qui pourra ſuffire de cinquante Toiſes de longueur, ſe trouve expoſée à de plus grands efforts de Mer que les autres parties dudit Quay; il ſera neceſſaire de la fortifier par une plus grande force de Maſſonnerie, en luy donnant trois Toiſes de largeur, fondées ſur des Encaiſſemens de 12. pieds de hauteur; par deſſus deſquels, on montera encore la Maſſonnerie de cette jettée de ſix pieds de hauteur; Et parce que la portion du Quay, qui doit eſtre vis à vis de cette jettée, ſe rencontre dans un fond de 12. pieds, & qu'elle doit eſtre expoſée à la force des Eaux comprimées, qui ſortiront de l'Eſtang de Thau, par l'emboucheure ſuſdite, qui ſera reſtreſſie de ~~huit~~ 9 Toiſes ſur la largeur des ſeize, qu'a le Canal, par lequel on doit communiquer, de la Mer à cet Eſtang; Elle n'aura pas moins beſoin de fortes precautions pour en bien affermir les fondemens; & pour cela, on luy donnera deux Toiſes d'eſpaiſſeur, fondées ſur de bons Encaiſſemens. Mais parce qu'il eſt deſormais bon d'eſtablir les precautions de ces Encaiſſemens, d'une maniere tres-ſolide, & qui mêmes puiſſe ſervir de modele en d'autres lieux, & en d'autres ſamblables Ouvrages; L'on travaillera à ceux, dans leſquels on devra fonder la jettée, & la portion du Quay icy mentionnées, dans la forme qui eſt marquée dãs un Devis ſeparé, lequel ſera mis à la fin de ce memoire.

Cependant, comme je ſoûtiens icy, que cinquante, & mêmes quarante-cinq Toiſes de jettée pourront ſuffire, pour bien diriger le cours des Eaux comprimées, qui ſortiront de l'Eſtang de Thau, comme auſſi pour empêcher que les ſables, qui courent ordinairement par les parties les plus baſſes ; comme ſont celles des plages, ne viennent à l'engorger par ce même coſté ; je me trouve en même temps obligé à demonſtrer que l'allongement de cent huitante Toiſes courantes, juſques auſquelles pluſieurs perſonnes ont, juſqu'icy opiniaſtré, qu'il faloit pouſſer la tête de cette emboucheure, eſt ſuperflû, & deſiré ſans aucune neceſſité. Pour cela je cotteray icy les raiſons qui ont eſté alleguées pour ſouſtenir la neceſſité de cet allongement, afin d'avoir, en toute ſoumiſſion, la liberté d'y en oppoſer d'autres, qui, ſans preſomption, peuſſent eſtre jugées plus fortes que celles là ; Et pour cet effet, je diray que les raiſons d'allonger juſques à 180. Toiſes courantes, la jettée qui eſt à faire à l'emboucheure dudit Canal, ſont, à ce que j'en ay appris, fondées ſur ce qu'eſtant pouſſée juſques dans les endroits de ce Port, où le calme ſe rencontre, pendant l'orage, à l'abry de la grande jettée ; les Bâtimẽs qui en ſeroiẽt à couvert, pourroient de tout temps, & ſur tout dans un rencontre de quelque grande agitation, entrer dans l'Eſtang de Thau, pour y trouver une retraite plus aſſeurée. Et que d'ailleurs cette eſpece d'antonnoir, prolongé juſques à une ſi prodigieuſe eſtenduë, pourroit d'autant plus facilement éloigner les ſables du bout du Port, juſques auquel elle parviendroit, que ſa longue portée entretiendroit plus longtemps, dans ſon Canal, la force neceſſaire à les repouſſer ; ſur quoy j'oppoſeray, avec toute la modeſtie que je dois, pluſieurs bonnes raiſons, à ces deux là.

La premiere est que, si l'on pousse la jettée, à faire à l'emboucheure de l'Estang, jusques à 180. Toises d'estenduë, lesquelles iroient à 140. Toises prés de la grande jettée, dans le dessein de fournir aux Bastimens, qui seront à l'abry d'icelle, une commodité d'entrer, pendant les plus grands orages, dans l'Estang de Thau; Cette grande machine, & cette immense despense leur sera fort inutile; parce qu'alors, il n'y aura pas un Pilote assez imprudent pour y vouloir entrer; d'autant que le Port estant, d'une notorieté incontestable, parfaitement bon, & la tenuë y estant merveilleuse, il n'y en aura pas un seul, qui le veuille quitter, en ce temps là, pour s'exposer aux risques de briser contre les Murs de cette emboucheure, où les vents, qui agiroient, de même force, contre les œuvres-mortes des Bâtimens, ne permettroient pas qu'ils y trouvassent tant de tranquilité, que dans le Port même, où les experiences des derniers orages, du 24. Novembre & du 13. Decembre 1676. ausquels 96. Patrons, qui les souffrirent, en toute asseurance, à l'abry de la grande jettée, sans qu'aucun des leurs Bâtimens s'abordassent, l'un & l'autre, affirment, n'en avoir pas esté veu, de memoire d'homme, aucuns samblables, font connoistre qu'il ne peut, jamais arriver, au Port de Cette, de si grands vents, ny de si grandes agitations, qui ne donnent moyen aux Bâtimens du Pays, & autres qui y seront moüillés d'attendre le temps d'entrer dans l'Estang, aprés qu'elles seroient passées, si

tant

tant est que leurs Maistres ne les ayent pas prevenuës, en les ramenant, aprés leurs retours, dans les rades de leurs Villes ou Bourgs, par le Canal dudit Estang, suivant les desirs passionnez, qu'ils ont ordinairement de les y reconduire; bien entendu que ceux qui seroient dans le Port de Cette, à l'abry de la grande jettée, en attendant une occasion commode pour en partir, ne se soucieroient pas de r'entrer dans l'Estang, se sentant là aussi asseurés que s'ils estoient dans iceluy, & beaucoup plus parez à faire leurs routtes, aprés que les orages seroient passez.

Partant cette grande longueur de jettée, proposée à faire, à l'emboucheure de l'Estang de Thau, n'estant point jugée necessaire à la seureté des Bastimens, qui auront à entrer dans l'Estang, non plus qu'à en sortir (parce que s'il y avoit orage de vents du dehors, dans le Port, ils ne devroient pas aussi partir dudit Estang, pour aller à la Mer) il reste à examiner si elle peut servir à l'essoignement des sables, par l'estenduë de son immense portée: mais en ce cas, si peu qu'on la considere, on trouvera que si elle peut essoigner, par la rapidité des eaux qui sortiront de l'Estang, pendant la saison de certains vents, les sables, qui se seront amassés à son extremité, elle ne servira de rien contre ceux qui seront par le travers de son milieu; & qu'ainsi il vaut mieux laisser agir les eaux comprimées, qui sortiront avec beaucoup de force dudit Estang, par toute la capacité du Port, que d'y diviser cette force là, par un ouvrage, qui le partageroit, & qui, en le restressissant toûjours de quelque choſe, empeſcheroit, toûjours d'autant, l'eſtenduë de cette circulation des eaux, qui eſt cenſée contribuer davantage à entretenir les Ports en un plus grand fond, & en une plus grande netteté.

Cependant comme cét ouvrage de 180. toiſes de maſſonnerie à poſer ſur des encaiſſemens de trois toiſes de largeur, & trois de hauteur, ſurpaſſe dans ſes deux joüyeres, où dans ſes deux coſtés, la depenſe de l'autre, qui n'eſt propoſée que de 45. ou tout au plus de 50. toiſes, d'environ cent ſeptante-cinq mille livres, & abſorbe, ſans aucune neceſſité abſoluë, la plus grande partie des fonds neceſſaires à la cure, & à la perfection du Port, ne iugera-t'on pas qu'il ſoit de la prudence de s'en tenir à des expediens ſalutaires, qui, ſans detriment d'aucune des parties de ce deſſein, puiſſent donner lieu de ſatisfaire à toutes les autres? Et enfin ne iugera-t'on pas à propos de ſe retrancher, en ce rencontre, d'une grande dépenſe qui n'eſt point eſſentielle; mais au contraire aſſez ſuperfluë, dans un temps, auquel nous devons regarder comme une benediction, que Dieu veüille bien donner au Roy, par les ſoins, & par le zele de certains hommes, dequoy fournir à des ouvrages publics, qui ſont neceſſaires au bien & au commerce de ſes peuples, pendant que Sa Majeſté ſe trouve obligée à ſouſtenir, avec des frais eſpouvantables, une groſſe guerre, contre la plus grande partie des plus puiſſans Princes de l'Europe.

Il eſt vray que ſi la dépenſe de ce grand allongement d'emboucheure eſtoit abſolument neceſſaire, on ſe pourroit reſoudre à la propoſer, pour un auſſi beau, & pour un aussi grand sujet qu'est celuy du Port de Cette : mais comme il ne s'agit principalement que d'ouvrir l'Estang de Thau pour donner lieu aux Bastimens du Pays d'y pouvoir hyverner, sans aucuns frais de gardiens, & de cordages, & de joüir de la commodité de pouvoir charger & décharger dans les Villes & Bourgs adjacens audit Estang ; Et enfin de celle de pouvoir trafiquer, de la Mediterranée à l'Ocean, au moyen du canal de la jonction des Mers, pourquoy, dans la necessité de prendre du mal le moins qu'on peut, ne nous contenterons-nous pas aussi bien qu'à la Rochelle, & en plusieurs autres endroits d'embouchеures estroittes, d'armer celle-cy d'une jectée de 45. ou 50. toises, laquelle devant estre presques isolée par tout, resistera d'autant mieux aux efforts de la Mer, quand elle sera plus courte, que quand elle sera plus longue ? Mais enfin comme les encaissemens sur lesquels elle sera bastie, ne se doivent poser que les uns apres les autres, d'environ six toises en six toises, l'on pourra encore tirer une regle plus juste de sa veritable mesure, par les experiences qu'on aura des effets, que produiront ceux qu'on aura posés les premiers, affin d'en augmenter, ou mesme d'en diminuer le nombre, suivant que ces experiences-là le requerront : Et puis la disposition qu'a le Quay de la Montagné, à bien faire valoir les eaux de l'Estang, aussi bien que celles de la Mer, pour l'esloignement des sables, & plusieurs autres bonnes choses assez heureusement imaginées pour la mesme fin, ne doivent-t'elles pas faire chacune en leur particulier, des operations qui nous exemptent des excessives depenses, & des penibles difficultés, qui se rencontreroient dans la construction de ce grand alongement d'emboucheure, qui avoit esté cy-devant proposé comme une chose d'une absoluë necessité ?

Pour ce qui regarde l'ensablement du Port, il est à remarquer qu'il s'y est amassé des sables en trois endroits particulierement ; sçavoir en un ban de figure ovale, qui s'estend du côté de la montagne ; & puis de là, il s'y en trouve une assez notable quantité, qui s'estend depuis ce ban en figure ovale, jusques à l'entrée du canal, qui doit communiquer à l'Estang de Thau ; & enfin depuis cette emboucheure, iusques à la petite jettée, où il y en a une longueur de 330. toises courantes, sur une largeur de 50. toises reduites.

Mais parce qu'il y a des parties de cet ensablement, qui, pour le plus grand bien du Port, doivent estre nettoyées, par preference les unes aux autres, le Chevalier de Clerville estime que l'on doive commencer par le ban en figure ovale, pour en ietter, à la main, une bonne partie derriere les murs du Quay, qui doit estre adossé à la montagne, afin de luy servir de terreplain: Et comme le transport s'en fera à beaucoup meilleur marché, qu'en l'allant décharger en des endroits beaucoup plus esloignés, il se trouvera que le Quay se bâtira du mesnage de ce nettoyement : Et comme beaucoup plus de gens y pourront travailler, qu'en le curant avec des engins à cuillier, de telle nature qu'ils puissent estre, l'on pourra faire, en un an & demy, par ce moyen, ce qu'on ne sçauroit executer en trois, par aucun autre ; ce

qui

qui sera que le public joüyra plutost de ce travail, & que les frais du desdommagement pretendu, pour les nouveaux sables, qui entreroient dans le Port pendant le temps de son entiere cure, diminueront notablement, par la diligence qui s'apportera à les enlever si promptement, qu'il n'y ait plus d'autre depense à faire que celle de l'entretenir dans une perpetuelle netteté.

Cependant le ban de figure ovale s'estend en longueur de 180. toises courantes, & en largeur de 80. toises, s'eslevant dans le milieu de sa longueur, iusqu'à tel terme, que pendant que les vents de terre regnent, il en decouvre une petite partie, de mesme figure ovale, laquelle a 80. toises courantes de longueur sur 30. de largeur: ainsi tout ce ban ensemble a 21600. toises cubes, sur la reduction des endroits plus hauts, avec les plus bas, & sur la necessité de le creuser par tout, iusques à neuf pieds de profondeur ordinaire, qui se reglera de telle sorte, que pendant la saison les vents du dehors, il y en pourra avoir onze à douze pieds, par tout le bassin, & toûjours neuf pieds quand ceux de terre regneront.

Il y a ensuite un autre ensablement, qui prend depuis le bout de celuy qui court en figure ovale, iusques à l'entrée du canal de l'Estang de Thau, dans une longueur de 180. toises courantes, sur une largeur de 16. toises : Et parce qu'il faut approfondir ce second ensablement, non seulement iusques au niveau du fond dudit canal, qui a 12. pieds : mais aussi iusques à 15. pieds, attendu que les sables qui y sont, surpassent celuy de la

Mer, de trois picds ; il faut compter qu'il y a encore, en cet endroit 7200. toises à oster, tant ponr la navigation des Bastimens, qui auront à entrer dans ledit Estang, que pour la fondation des ouvrages necessaires à son embouchcure, aussi bien que pour celle des Quays cy-dessus proposés, tout vis-à-vis d'icelle.

Il y a veritablement un autre troisiéme ensablement, depuis l'entrée du canal iusques à la petite jettée, lequel contient 300. toises courantes de longueur, sur 50. de largeur reduite ; & qui peut bien aller, par estimation, à 8000. toises cubes : Mais comme il n'embarrasse pas si fort la capacité du Port, que les deux autres, l'on n'a pas creû y devoir donner la premiere, ny la principale application, toutefois parce qu'en le laissant augmenter, sans y donner aucuns soins, il pourroit restressir cette capacité là, & empescher, par ce moyen, que les eaux n'y eussent pas la liberté de l'estenduë, & de la circulation, par laquelle les Ports s'entretiennent dans une bien plus grande netteté, que quand le restressissement des bassins leur oste, ou du moins leur retranche une partie de cette liberté là : le Chevalier de Clerville estime que, pour cela, & pour empescher que les vagues de la Mer, qui s'eschappent sur la plage, ne rapportent dans le bassin les sables qu'elles y rencontreront, il seroit fort à propos de bâtir là un autre Quay.

Mais parce que la construction en est dificile, à cause qu'a huit pieds soubs Eau, il ne s'y trouve pas de ferme dans les sables de la Plage ; on a de la peine à resoudre si l'on fera ce Quay-là d'une bonne Massonnerie à chaux & à sable, sur un Grillage, avec un empatement, ou retraite de trois pieds, qui reçoive l'effort du ressac, des vagues de la Mer, dont les premiers coups auront esté imprimés sur les murs dudit Quay; ou bien si dans la crainte que ces Mursne succõbent à tant d'efforts, on ne les bastira pas (comme a fait le Chevalier de Clerville la digue de laCitadelle d'Oleron)de pierre seche, posée de champ, avec un grand Glacis, sur lequel ces vagues se puissent estendre dans les plus grands orages, sans apprehensiõ d'une ruïne de grãde suitte; comme en effet, si l'on construisoit le Quay de question, de pierres seches, dont celles du devant seroient de la plus considerable grosseur, qui se pourroit trouver pour cela, il n'y auroit pas de peril, que quelques unes d'entr'elles, estant arrachées par quelque violence extraordinaire que ce fust, entrainassent dans leur cheûte, aucune autre partie de ce Quay-là : mais seulement qu'elles obligeassent ceux qui seroient chargez de l'entretien du Port, à y en remettre quelques autres, pour ne pas donner sujet, à la Mer, d'augmenter un desordre, qu'elle auroit commancé, par le simple esbréchement de quelques pierres, qui pourroient donner lieu à l'escoulement de quelques autres, s'il n'y estoit pourveu, par un prompt remplacemẽt de celles, qui auroint esté emportées les premieres.

Il est vray que la necessité de ce remplacement est d'une facheuse condition, dans des ouvrages, que les Princes veulent consacrer à l'immortalité, aussi bien qu'à la felicité de leurs Sujets : mais avec tout cela, ce Quay de Pierre seche, bien enfoncée de champ, à la hie, ou du moins au maillet, eſt cenſé plus ſeur dans un endroit battu des vents du dehors, & d'une violente Mer, comme eſt celuy-là ; toutefois comme il n'eſt pas, à beaucoup prés, ſi magnifique, ny meſme ſi vtile à l'aprofondiſſement deſiré que celuy où le reſſac d'une impreſſion à plomb, produit des effets plus avantageux contre des murs peu inclinés, que contre des Quays de pierre ſeche, qui doivent avoir des glacis fort eſtendus, je produiray à la fin de ce Memoire le devis d'un, qui ſera composé d'une bonne maſſonnerie à chaux & à ſable, & du ſuccés duquel il n'y a aucun lieu de deſeſperer, où dont au moins, on peut élever un petit échantillon ſur de bons grillages, pour l'expoſer pendant un hiver, aux orages de la mer, afin de le continuer s'il y reſiſte, ſi non, de recourir à celuy de pierre ſeche, s'il eſt neceſſaire, & que les gens d'experience plus conſommée, le jugent ainſi à propos ; ce que ie trouve cependant aſſez neceſſaire de conſulter ; & principalement dans cette balance d'opinions, où la deſpenſe, qui n'eſt pas de gueres plus grande en l'un qu'en l'autre, ſuſpend encore aſſez le choix du meilleur party, qui eſt à prendre entre les deux, deſquels ie ne laiſſeray pas de dreſſer des devis particuliers, qui ſe verront à la fin de ce Memoire.

Mais ſuppoſant que l'on travaille de l'une ou de l'autre des manieres ſuſdites à cet autre Quay ; l'on pourroit en meſme temps oſter, à la main, trois ou quatre mil Toiſes de ſable des bas fonds, qui ſe trouvent preſentement, audevant des lieux, où l'on propoſe, cet autre

Quay

Quay, l'on fermera le chemin à plusieurs autres sables, qui reviennent de la Plage dans le Bassin du Port; Et si l'on se peut assez asseurer, que le bat, ou le ressac de la Mer, empeschera, comme il est dit ailleurs sur le sujet des autres Quays, qu'il ne s'y en amasse autant que cy-devant, où tout au plus, s'il s'y en amassoit, quelque petite quantité, comme il pourroit bien arriver, ils rouleroient derriere la jettée proposée à faire à l'embouchure de l'Estang; auquel cas il y auroit toute sorte de facilité, à l'enlever, & à la transporter sur la plage voisine. Enfin cet autre Quay, lequel ne sçauroit estre d'une fort excessive despense, est encore, un nouveau moyen d'en espargner une autre, beaucoup plus considerable, par la plus grande facilité, qu'il y auroit à loger, à la main, des sables derriere ses Murs, qu'à les enlever avec des engins, & à les transporter, par Mer, en des lieux, d'où il ne peûssent plus revenir.

Toutefois si l'on objecte que les Ports de Marseille, & de Ligourne ne laissent pas de se salir, nonobstant qu'ils soient bordés de Quays; l'on peut considerer que leurs entrées sont si cachées aux vents de la Mer, & que leurs Bassins sont si couverts, de toutes parts, qu'il ne s'y fait presque aucun mouvement, dont la circulation, puisse ayder à entretenir ces Ports dans une si grãde netteté, qu'elle ayde à y entretenir ceux, qui sont un peu plus agitez; Quoy qu'enfin les uns & les autres se salissent avec le temps, s'ils ne sont nettoyez, de fois à autres : Mais il faut convenir, avec tout cela, que ceux qui sont dans une plus parfaite tranquilité, se salissent plus promptement que les autres, & que celuy de Cette, où il s'y rencontre toûjours du calme, auprés de sa grande jettée, nonobstant l'agitation, qui est par fois dans les autres parties de son Bassin, se trouve, pour ce regard, dans un assez heureux temperament, & qu'aprés qu'on y aura fait les Quays proposez, qui doivent aussi servir à son premier curement, par la faculté de pouvoir retirer derriere leurs Murs une partie des sables qui l'embarassent, l'on y remontrera encore beaucoup d'autres avantages, & pour le retardement des Bans, qui s'y pourroient former, & pour la commodité des Bastimens qui auront desormais à y aborder; Toutefois de peur que ces sables, logés à la main derriere les Quays, ne s'envolent dans le Bassin, il les faudra couvrir d'un simple pavé, & en disposer tellement les pentes, que les immondices que les pluyes pourroient charrier, tombent dans des lieux, d'où l'on les puisse vuider de temps en temps.

Pour ce qui regarde l'ouverture, par laquelle on doit communiquer à l'Estang de Thau, le Chevalier de Clerville ne voit aucune raison pour laquelle on la doive retarder, par celles qui ont esté cy-devant alleguées, ausquelles on peut encore ajoûter celle de s'y pouvoir retirer pendant le temps de guerre, en plus grande seureté, que dans le lieu, où les Bastimens du pays se retirent presentement, aussi bien que les estrangers; quoy que dans les premieres idées, qui en ont esté conceuës, & proposées, par ledit Sieur Chevalier de Clerville, il n'eust esté consideré que comme un avant-Port, nonobstant que par l'omission de travailler à cette ouverture, il n'ait pas laissé de se trouver à un aussi bon Port, qu'on en pouvoit iamais esperer en un endroit, autant battu par le travers, & autant ingrat que celuy-là : mais si l'on restressit de huit ou neuf toises, l'ouverture de ce canal, qui en a seize par toute son estenduë, l'on excitera par la compression de ses eaux, une telle rapidité, que non seulement il ne s'y pourra jamais rien amasser à son entrée : mais aussi que ces mesmes eaux, se dechargeant avec impetuosité sur les Quays contigus, contribueront toûjours beaucoup à entretenir le Port, en une plus grande netteté. Il est vray que quand l'ouverture de ce canal sera faite, le dedans d'iceluy sera exposé à une plus grande agitation qu'il ne l'est presentement, & qu'ainsi il y aura quelques parties de ses bords, qui sont un peu foibles, & specialement vers les bouts, qui regardent Meze, & Bouzigues, lesquels pourront tomber : mais il les faudra fortifier davantage ; Et sur tout les deux testes du mesme canal, qui sont de ce costé-là ; toutefois comme les expediens, de fortifier les parties de ses bords qui auront plus besoin de l'estre, ne sont pas difficiles, & que de plus, on ne peut pas donner des regles certaines des reparations qui seront à y faire, que suivant les ruines, lesquelles y surviendront, il pourra suffire de dire que les deux bouts de ce canal devant plus souffrir que les autres parties, il y faudra bâtir deux testes de massonnerie, de trois toises de longueur, & de trois d'espaisseur, avec trois de hauteur, sur des encaissemens, de mesme

mesme mesure, & de mesme maniere que sont les autres, qui seront cy-apres descrits, dans un devis particulier, qui en sera fait.

Cependant comme le haut du bastiment, estably sur ces encaissemens, a besoin d'une prompte secheresse, pour estre posé au milieu des eaux, il sera bon d'y mesler de la terre Pouzzolane, au lieu de ciment, aussi bien qu'en tous les autres endroits, qui par leur exposition aux eaux de la mer, ont besoin que leurs mortiers sechent & fassent corps, le plus promptement qu'il se pourra; toutefois cela s'entend, en cas qu'on en puisse recouvrer une suffisante quantité.

Quant à la figure de la jettée qui est proposée à faire à l'emboucheure de ce canal, pour bien diriger les eaux de l'Estang de Thau, à ce qu'elles puissent esloigner autant qu'il sera possible, les sables qui se pourront desormais, amasser dans le Port, ou pour admettre dans ledit canal, les Bastimens qui auront à entrer dans l'Estang, elle s'est representée dans le petit plan, qui est à la teste de ce Memoire, comme la maniere de la bâtir en est, specialement, marquée à la fin d'iceluy, Cependant il n'est pas à craindre que les sables engorgent cette emboucheure, par le côté, parce que la jettée qui s'y doit faire, empeschera ceux de la plage d'y entrer: & quant à ceux que les grands vents du dehors y pourroient pousser pardevant, dans le rencontre de quelque orage, lon se peut asseurer que les eaux de l'Estang, assistées des vents de la terre, ne les y laisseroient pas long-temps subsister.

Au reste comme j'ay apris sur les lieux, de personnes tres-avisées, que l'on auoit souvent demandé si l'on ne pourroit pas quelques fois attirer dans le Port des eaux, qui, dans le rencontre de quelques vents, se trouvassent plus hautes que le niveau de celles de son bassin, & qui par là, y peussent exciter des courans, lesquels aidassent à en emporter les sables, ou du moins empeschassent qu'il ne s'y en peust tant amasser à l'avenir, que par le passé ; j'ay suivy cette pensée, & apres l'avoir aussi soigneusement estudiée, qu'il m'a esté possible, j'ay trouvé qu'elle se pouvoit executer avec un succés asseuré, par deux moyens, dont le premier, qui est celuy de tirer par le bout interieur du mole, des eaux de la Mer, pendant les vents de Labesche, & de Midy, m'a paru infaillible, aussi bien qu'à tous les gens de Mer, à qui ie l'ay communiqué. Ainsi pour le mettre en pratique, avec toute l'utilité qu'on en peut attendre, j'ay formé le projet, & dressé le devis d'un aqueduct de cinquante toises de longueur, avec quatre de largeur, par dehors, entre deux murs, pour revenir cette largeur a six pieds seulement, du côté du Port, où doit estre son empalement, au moyen duquel on retiendra les eaux du dehors, quand il en sera besoin, pour les lascher quand on iugera qu'elles devront faire contre les sables du bassin, les effets qu'on en desire, avec l'assistance des vents, qui y doivent aussi concourir.

Iay aussi estudié ensuivant cette mesme pensée, un second expedient d'attirer des eaux, au moyen d'un petit canal percé dans la plage des eauës plus hautes que celles du Port, avec telle rapidité, que toutes sortes de perſonnes entenduës en de ſemblables matieres, ſont convaincuës de l'utilité de cet expediët, duquel ie produiray un devis particulier ſeparé, à la fin de ce memoire ; mais de peur que ſa depenſe, qui ne doit neanmoins gueres paſſer quinze mil livres, noſtât peut-eſtre la commodité de fournir à tous les autres, qui ſont cy-devant propoſés, pour la perfection du Port, j'ay de la peine à le perſuader que l'on n'ait prealablement reconnu ſi le reſtreſſiſſement de l'emboucheure du canal, par lequel doivent ſortir les eaux comprimées de l'Eſtang de Thau, & l'aqueduct, du bout interieur du mole, feront contre les ſables dudit Port, tous les bons effets qu'on en peut attendre : Toutefois ie me remets de l'agréement, ou du rebut de cette ſeconde propoſition, aux Superieurs, leſquels pourront mieux juger de ſa certitude, & de ſes avantages, pat le trait qui en eſt marqué dans le petit plan, mis au devant de ce Memoire, & par le devis qui en eſt inſeré avec les autres. Quoy qu'enfin il y a toute ſorte d'aparance que, par une bonne raiſon d'œconomie, les Entrepreneurs de la cure du Port, ſeront obligés d'ouvrir d'eux-meſmes ce petit canal, pour deſcharger ſur ladite plage, une partie des ſables, qu'on n'aura pas peû loger, à la main, derriere les Quays.

Il n'eſt pas icy parlé des eaux à faire ayguades ; parce que le temps & la neceſſité ne manqueront pas à faire rechercher les moyens d'en avoir proche du Port, à ſuffiſance ; toutefois parce que c'eſt une des choſes qui, preſentement, y manque davantage, il ſera bon d'ajoûter quelques puits, à celuy, qui ſe trouve à cette heure, au bas de la montagne.

DEVIS PARTICVLIER DES MASSONneries, qui sont necessaires à la construction des Quays proposés au Port de Cette, du costé de la montagne, pour les fins mentionnées au Memoire qui est cy-devant.

PREMIEREMENT.

IL faut construire, du côté de la montagne de Cette, un Quay de massonnerie, marqué C.C. dans le petit plan du Port de Cette, de la longueur de 346. Toises courantes, en ligne droite, ou approchant, en quelque façon c'icelle; & de ces 346. toises, il en faut bastir tout vis à vis de la jettée, proposée à faire à l'emboucheure de l'Estang de Thau, 45. à 50. toises de 12. pieds de largeur reduite, & de trois de hauteur, sur des encaissemens de bois de chesne, tels qu'ils seront descrits, par les Devis suivans, afin de soustenir la force des eaux comprimées qui en sortiront, quand par l'assistance de certains vents, elles s'y trouveront plus hautes, que celles dudit Port : Et parce qu'apres les 50. Toises susdites, il s'y trouve en tirant du côté du Midy, encore 33. toises de terrain sablonneux, où l'on ne peut pas fonder, sans quelque precaution, l'on y pourra apporter celle d'un encaissement, de bois de sapin, que l'on esleveva, depuis la fondation de ces 33. toises là, jusques au haut du conridor, qu'elles auront, aussi bien que tout le reste du Quay de la montagne, c'est à dire d'environ cinq pieds de hauteur, en telle façon que tout le massif de ce couridor soit enfermé dans ce second encaissement, qui, pour n'estre que de bois de sapin, & d'une mediocre esslevation, ne laissera pas d'exiger environ un tiers plus de despense, que les autres 264. toises du mesme Quay, lesquelles se poutront bastir sur le roc, ou du moins sur des fonds asseurés.

Cependant comme les 45. ou 50. toises de ce Quay, lesquelles doivent estre opposées à la jettée de l'emboucheure de l'Estang, se trouveront de six pieds plus hautes que le niveau du mesme Quay, on ne laissera pas de le rendre communicable au moyen d'un ressault, où l'on pratiquera des marches à cette fin. Mais quand au detail de toutes les 346. Toises courantes de massonnerie de ce Quay, desquelles apres l'exception des 50. opposées à la jettée de l'emboucheure de l'Estang, les autres 296. auront chacune deux toises cubes de massonnerie, en chaque toises covrante, y comprise leur berme, ou couridor, par en bas, elles se construiront de bon moislon d'eschantillon, taillé & posé, par assises, en bonne liaison avec mortier de chaux, & sable, & mesmes de ciment, dans tous les paremens des Quays susdits, dont le profil est cy-dessous representé.

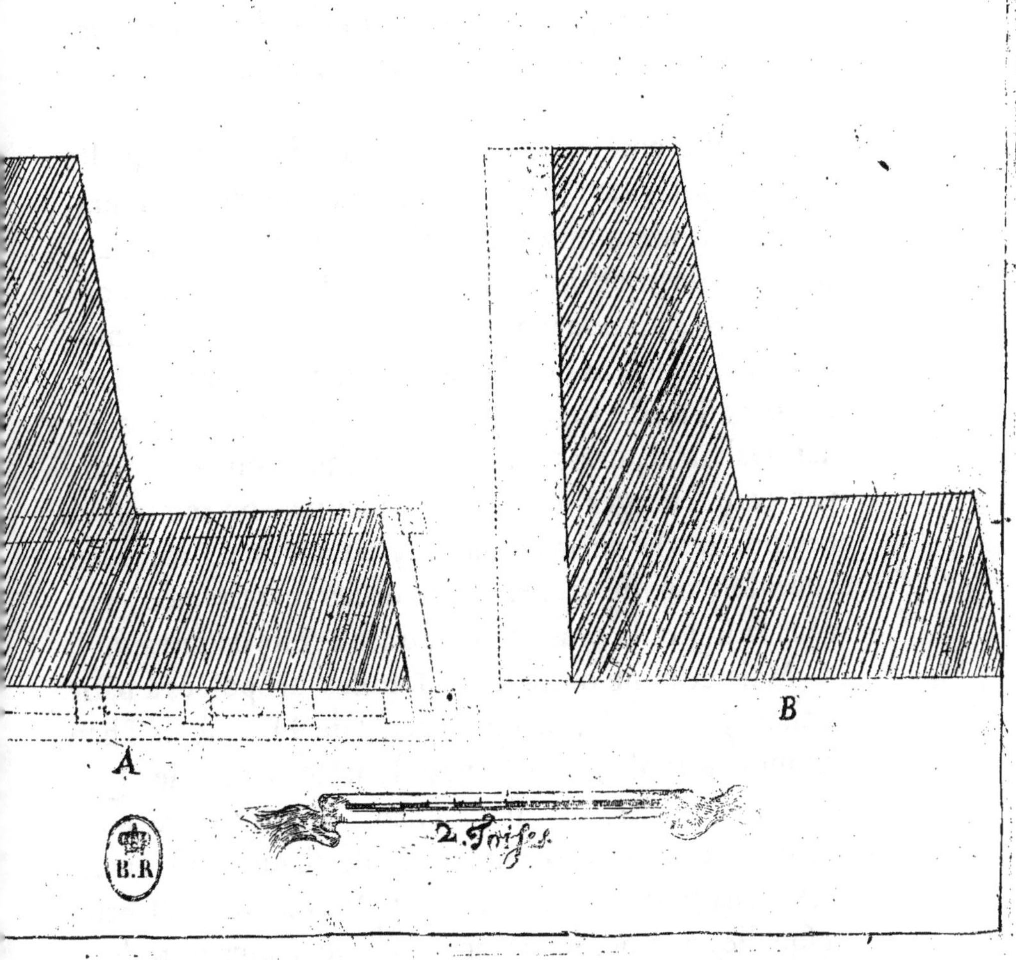

A. *Profil d'une portion du Quay de la montagne dont il y en a outre les cinquante opposées à la jettée de l'emboucheure, trente-trois autres toises, qui pour devoir estre fondées sur un terrain sablonneux, ont besoin d'un leger encaissement de bois de sappin iusques au haut de leur couridor.*

G

B. *Profil d'une portion du Quay de la montagne, où il y en a 274. autres toises courantes, qui n'ont besoin d'aucun encaissement, parce qu'on en peut asseoir les fondemens sur du roc, ou du moins sur des terrains fort asseurés.*

Au reste comme il y a dans l'estenduë, sur laquelle sont proposés les Quays à faire, du costé de la montagne, quelques pointes de rocher; qui s'avancent dans la mer, plus que les autres parties de la mesme montagne, & que pour en tirer quelque profit à la commodité des Bastimens de commerce, qui pratiqueront dans le Port, il a esté jugé à propos d'en faire des cales, ou des desbarquadours, au moyen desquels on puisse charger & descharger avec plus de facilité, on remparera ces pointes-là de massonnerie, au mesme niveau du couridor, ou de la berme cy-dessus mentionnée, suivant la figure la plus accommodée à celle du terrain.

Mais comme outre les 346. toises proposées à bâtir à chaux, & à sable, depuis le canal de l'Estang de Thau iusques au mole, ou à la grande jettée, pour le Quay cy-dessus mentionné, il y a encore à l'ouverture interieure de ce canal, nonante toises de chaque costé, marquées aux lettres I.I. dans le petit plan du Port de Cette, lesquelles ont besoin de quelque force, pour introduire les eaux dudit Estang dans l'embouchure proposée à restressir de neuf toises, plus que le reste dudit canal, il dependra des fonds que l'on aura pour les ouvrages dudit Port, de revestir les 180. toises courantes de cette ouverture interieure, d'une bonne massonnerie à chaux & à sable,ou de faire qu'on ſe contente de les garnir d'un bon mur de pierre ſeche, qui ſuive le talut des bords dudit canal: Quoy qu'il en ſoit, ſi lon aſſeure bien les deux coſtés de cette ouverture interieure, lon en retirera beaucoup d'avantage en toute ſorte de temps; & particulierement celuy que les eaux de l'Eſtang, comprimées à leur emboucheure, & pouſſées par les vents de terre, produiront contre les ſables, qui ſe pourroient amaſſer dans le Port.

Cependant il eſt à remarquer qu'il ne faut pas ouvrir le canal, par lequel on doit communiquer, de la Mer à l'Eſtang de Thau, que, prealablement à cela tous les ſables,ou du moins la plus grande partie des ſables,dont elle eſt preſentement comblée,n'en ayent eſté emportés; parce que cela eſtant, les eaux qui en ſortiront auront moyen de faire, par leur rapidité, une plus puiſſante impreſſion ſur les autres ſables du Port, que ſi cette rapidité eſtoit arreſtée à la ſortie dudit canal, par l'obſtruction des plus prochains ſables qu'on y auroit laiſſés. Au reſte il n'eſt gueres à craindre que les eaux de l'eſtang de Thau charrient plus de matieres, capables de combler le Port, qu'elles n'en emporteront, parce que le fond de cet Eſtang eſtant fort creux,& plain d'une eſpece d'herbe appellée de l'augue, qui ne ſe trouve gueres parmy les ſables, ny parmy la vaze, denote aſſez de netteté pour ne devoir pas apprehender qu'il pouſſe beaucoup de matieres dans le Port, par leſquelles il ſe puiſſe combler, auſſi bien que par les ſables,qui y entrent avec la Mer, quand elle eſt émeuë, & qui tombent au fond de son bassin, quand elle est appaisée.

Mais parce qu'il a esté cy-devant traitté de la maniere de bâtir la jettée proposée à l'emboucheure exterieure du canal de l'Estang, aussi bien que la portion du Quay de la montagne projectée à eslever, tout vis à vis de cette jettée, & que les devis des encaissemens, sur lesquels l'une & l'autre doivent estre posées, semblent devoir, immediatement, suivre la construction de ce Quay-là, ils seront descrits par le detail, dans l'article suivant.

Devis particulier des encaissemens, qui sont à bâtir, pour establir, sur douze pieds d'eauë, les massonneries, qui sont à construire, en une jettée, proposée à l'emboucheure du canal de l'Estang de Thau, & un endroit des Quays de la montagne, qui doit aussi estre fondé dans l'estenduë de 45. ou 50. toises, sur douze pieds d'eauë, tout vis à vis de ladite jettée.

PRemierement, il sera mis, pour chaque toise courante d'encaissement, qui dans les endroits icy mentionnés, en emporte trois de largeur, sur telle longueur que les bois s'en rencontreront, deux racinaux de chesne, de douze poulces d'equarrisseure, sur vingt ou vingt & un pied de longueur chacun, en distance de deux pieds les uns des autres, afin d'en composer le grillage interieur de cet encaissement, & sur ces racinaux, seront posez sept cours, ou bien sept rangs de sablieres de mesme espaisseur, entaillées les un dans les autres, d'une tierce partie de leur grosseur, pour la compositiou du mesme grillage, ainsi qu'il se verra dans le plan cy-dessous representé.

L'on prendra soin ensuite d'eslever, suivant le talut du mur, quatre posteaux, en châque toise courante, ayans châcun douze poulces, de grosseur, & douze pieds de haulteur, sur ces Sablieres, lesquels y seront amortaizés, avec vn renfort de tenon, bien chevillé, & joinct, ainsi qu'il appartient; apres quoy seront faits cinq cours, ou cinq rangs deliernes, qui feront le pourtour de l'encaissement jcy projecté pour la teste de l'Esperon, ou jettée qui est à faire à l'emboucheure du Canal de l'Estang dans la Mer.

Tout ce que dessus estant bien posé, & assamblé, suivant son plan, sera bordé & revestu, de haut en bas, tant par dedans que par dehors, comme aussi par le fond, de bons madriers de chesne, de deux poulces d'espaisseur, bien cloüés & arrestés, ajoinct quarré avec des clous de six pouces de longueur.

Mais apres que cét encaissement sera remply de bonne maissonnerie, avec bonne pierre bien liaisonnée, & scellée à bain de mortier, composé d'un tiers de chaux, & d'un tiers de sable, & d'un autre tiers de ciment, il sera posé par dessus le tout, un autre grillage, de bois de chesne, semblable à celuy du dessous, lequel embrassera toutes les testes des posteaux, cy-dessus mentionnés, & des liernes, qui ſeront dans la circonference, au pourtour dudit encaiſſement, dans lequel ſeront enfermez les murs, qui ſeront eſlevés & couverts ~~plus~~ par en haut d'un pavé en rond ou en arreſte, au deſſus de ce ſecond grillage, auſſi haut qu'il ſera trouvé neceſſaire, apres que ledit encaiſſemēt aura eſté bien & deuëment calfaté.

Mais s'il faut joindre pluſieurs encaiſſemens dans une longueur, plus grande, que celle qui eſt repreſentée dans les plans cy-deſſus, il ne faudra que les unir par en bas, les uns aux autres, au plus iuſte qu'il ſe pourra, & les lier, par en haut, avec des racinaux de bois de cheſne, de vingt pieds de longueur, & d'un pied en quarré, en diſtance de deux pieds, les uns des autres; & outre ce, aſſembler les joincts deſdits encaiſſemens par les coſtés, avec des liernes, qui ne ſe poſeront en ces endroits-là, qu'apres que les caiſſes auront eſté enfoncées, non plus, que quelques madriers, des meſmes qui doivent eſtre reſervés, pour ſervir de liaiſon à l'aſſamblage des deux caiſſes, qui devront eſtre poſées les unes aupres des autres.

Il ſera bon auſſi d'adjouſter au dedans de la caiſſe, qui devra compoſer la teſte de la jettée à faire à l'emboucheure de l'Eſtang, trente courbes pour la fortifier davantage, à l'endroit de ladite teſte: Et ces courbes auront chacune cinq pieds de branches, & huit poulces d'un ſens, & douze de l'autre.

Quant à la ferrure, il faudra en chacune toiſe courante d'encaiſſement, de trois toiſes de largeur, ſur deux de hauteur, un cent de cloux, de chacun ſix poulces de longueur, pour attacher les planches, ou bordages de bois de chesne, sur les sablieres, & les posteaux dudit encaissement.

Mais pour l'arrester sur le Plan, où il sera posé, en telle sorte, qu'il ne s'écarte, ny d'un costé ny d'un autre, il faudra attacher, avec des cloux de quatre poulces de longueur, une lardoire de fer à chacun des posteaux, & que cette lardoire ait huit poulces, pour sa pointe, & seize pour ses branches : Ainsi que le tout se reconnoistra encore mieux, par la veuë du plan, & de l'esslevation suivante.

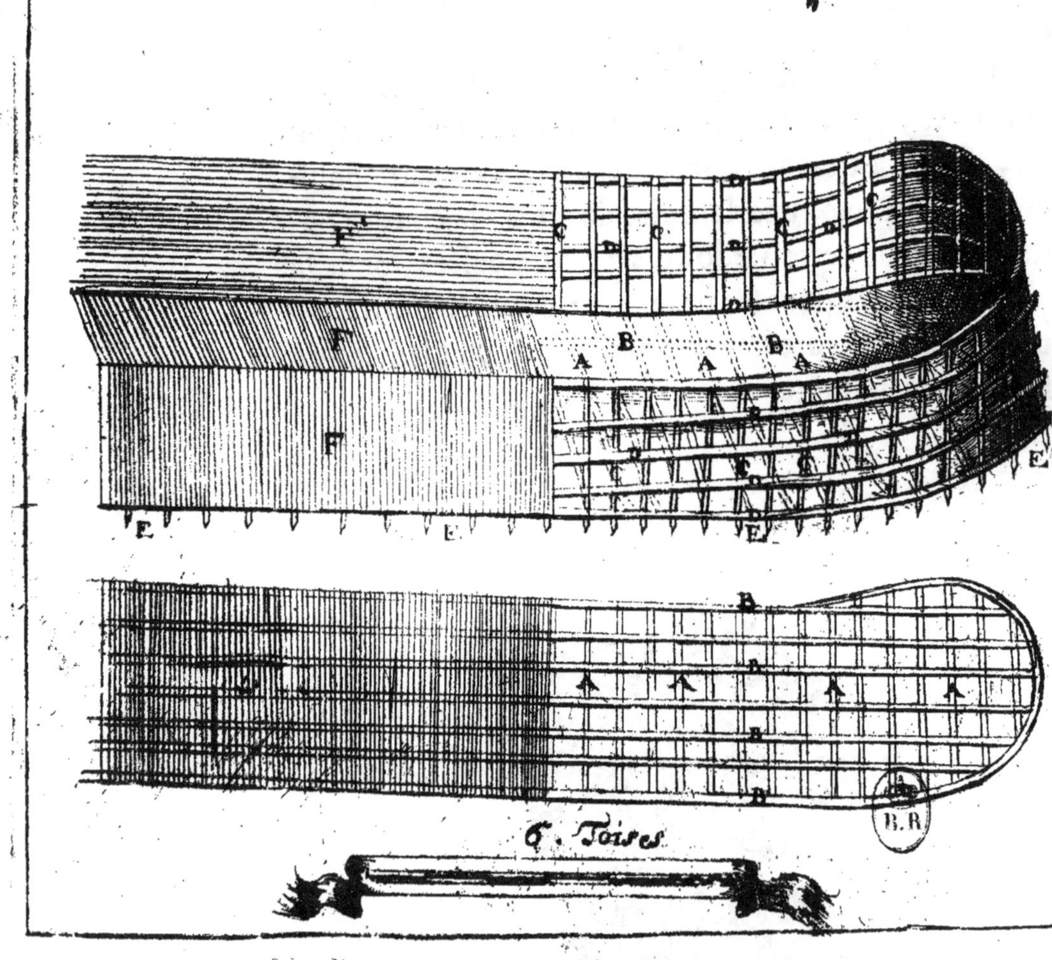

A. A. *Racinaux.*
B.B. *Sablieres.*
C.C. *Posteaux.*
D.D. *Liernes.*
E.E. *Lardoires.*
F.F. *Bordages.*

Devis particulier des Quays de la plage, dreſſe pour ayder à ſe determiner ſur celuy de maſſonnerie, à chaux & à ſable, oû ſur celuy de pierres ſeches, qui pourroit y eſtre conſtruit, en cas que celuy de maſſonnerie ordinaire, ne fuſt pas iugé aſſés aſſeuré, pour cét endroit là, ny capable de reſiſter aux grands efforts de vagues, qui viennent, ordinairement à rompre contre cette plage.

POUR le Quay de maſſonnerie, à chaux & à ſable, qu'il ſeroit aſſez à propos, & tres-utile de baſtir, depuis l'emboucheure du Canal de l'Eſtang de Thau juſques à la petite jettée, où il y peut avoir environ 180. Toiſes courantes de travail, il ſemble veritablement, que la conſtruction en devroit eſtre preferée à celle d'un Quay de pierres ſeches ; parce que l'Ouvrage en ſeroit plus beau, & plus Royal ; & qu'outre ce, il feroit un effet plus avantageux pour conſerver, par le reſſac de la Mer contre ſes murs, un plus grand fond d'eauë prés de ſes bords : Mais parce qu'en cherchant le moyen de bien fonder ce Quay de maſſonnerie, il ne s'y trouve pas de ferme, à neuf pieds ſous les ſables de ladite plage, & que l'abondance des eaux, qui, par tranſpiration, paſſent continuellement à travers de ces ſables, ne permettroient pas de le fonder plus bas, quand meſmes il ſe trouveroit quelque choſe de meilleur qu'il ne s'y eſt trouvé, iuſques à cette heure, il ſemble, par là, qu'en ne ſe puiſſe aſſeurer de ſa ſolidité, ny de ſa durée, à cauſe du vice de ſes fondemens, & de la facilité, que les eauës pourroient trouver à les miner. Toutefois parce qu'on bâtit ſouvent, ſur le ſable, avec aſſez d'aſſeurance, moyenant les precautions qu'on y peut apporter, ſans des deſpenſes de la derniere exorbitance, l'on propoſe icy un Quay de maſſonnerie à chaux & à ſable, de neuf pieds de largeur par en bas, ſur la profondeur de cinq pieds, dans les ſables, & poſé ſur un grillage, de dix pieds de largeur ; pour enſuite eſlegir le mur de ce Quay, de cinq pieds de largeur, par en bas, revenans à trois, ſur ſa hauteur de huit pieds, avec une retraitte de trois pieds, laquelle ſervira d'empatement pour recevoir la cheute des vagues, qui, ſans cette precaution, pourroit ſapper, par le pied, le mur, dont le profil eſt, cy-deſſous repreſenté, avec celuy d'un autre Quay, de pierres ſeches, pour eſtre choiſy, ſuivant la deciſion des perſonnes plus experimentées, le tel des deux, qui ſera jugé le plus aſſeuré, contre les vagues, qui ont eſté repreſentées tres-fortes, en cet endroit, & tres-capables de renverſer, en de certains temps, celuy qui n'auroit pas eſté baſty avec toutes lés precautions neceſſaires, pour y reſiſter, en toutes ſaiſons, contre toute ſorte d'orages.

Suppoſant, donc, que le mur, de pierres ſeches, ſoit jugé le plus aſſeuré, comme en effet, il paroit, ſauf correction, qu'il le ſoit, par les raiſons énoncées dans le

Memoire cy-devant exposé, & par quelques autres, qui se peuvent encore alleguer sur le mesme sujet, il sera fondé de quatre pieds de profondeur dans les sables de la plage, sur 24. de largeur, dans l'estenduë d'environ 280. toises courantes, qui se rencontrent entre l'emboucheure du canal de l'Estang de Thau, & la petite jettée du Port de Cette ; & apres que cette fondation sera bien faite, il sera posé, au devant d'icelle un paremēt, à plomb, de grosses pierres de moislon, bien essoumillé, par assises, & en bonne liaison, sur la hauteur de deux pieds, du costé de la mer, laquelle sera par derriere; c'est à dire du costé de la plage, de douze pieds, pour estre le corps d'entre les deux paremens, du devant, & du derriere, remply de bon moislon, & arrangé de telle sorte, qu'il puisse tenir lieu d'un mur de massonnerie; à chaux & à sable :

Mais apres que le parement de deux pieds à plomb, sera dressé, il s'en estenera; sur iceluy, un autre de bonne pierre d'eschantillon, posée de champ, qui aura trois pieds de hauteur, & qui sera talüé à raison de six poulces par pied; au dessus duquel sera posé un autre troisiéme parement, en glacis, de l'estenduë de 23. pieds, lequel s'en ira mourir à la hauteur des douze pieds cy-dessus cottés ; devant estre ce parement, de bonnes pierres de champ, chassées à la hie, & joinctes, aussi estroittement qu'il se pourra ; dequoy il se voit un profil, à costé de celuy, qui concerne le Quay de massonnerie, proposé à faire, au mesme endroit, c'est à dire sur les plages d'entre l'emboucheure de l'Estang, & de la petite jettée, marquées D.D. au petit plan, mis à la teste du Memoire, cy-devant exposé, sur les ouvrages du Port de Cette. Mais pour conclurre enfin, sur la certitude, & sur la solidité du Quay de pierres seches, proposé à faire, en cas qu'il ne s'en trouvast pas une pareille, au Quay de massonnerie, il ne s'en peut pas cotter un exemple plus convaincant, que celuy de la Digue de cette espece que le Chevalier de Clerville fit faire il y deux ans, avec succés, en un des dehors de la Citadelle d'Oleron, sur dix-huit pieds de hauteur, par dedans, avec un glacis par dehors, de quarante pieds d'estenduë, lequel resiste, sans aucune émotion de sa masse si petite qu'elle soit, à un reflux perpetuel assez rude, & à des mers, qui sont par fois, & sur tout en hyver, aussi violentes, qu'on en puisse gueres voir ailleurs.

Toutefois comme ce Quay, où cette digue n'entre pas d'abbord, en rang, parmy les Travaux, qui sont à faire, au Port de Cette, par preference les vns, aux autres, il y aura, en attendant qu'on ayt avancé ceux de l'ouverture de l'Estang de Thau, & du Quay de la montagne, dans lequel on peut comprendre l'aqueduct, projecté au bout interieur du mole, assez de temps pour pouvoir, sur les experiences, qu'on aura des effets, que produiront ces premiers ouvrages-là, & sur les conseils des gens plus experimentés, decider, non seulement de la maniere, avec laquelle se devront construire, pour le mieux, ces autres Quays de la plage : mais encore du probleme de les construire, ou de ne les pas construire; en en cas que des raiſons plus fortes que celles du Chevalier de Clerville, reglaſſent ce qu'il y auroit de plus convenable à faire, en cet endroit, que ce qu'il y a icy, & encore, cy-devant propoſé : Cependant voicy les profils de deux Quays, dont le choix eſt en queſtion.

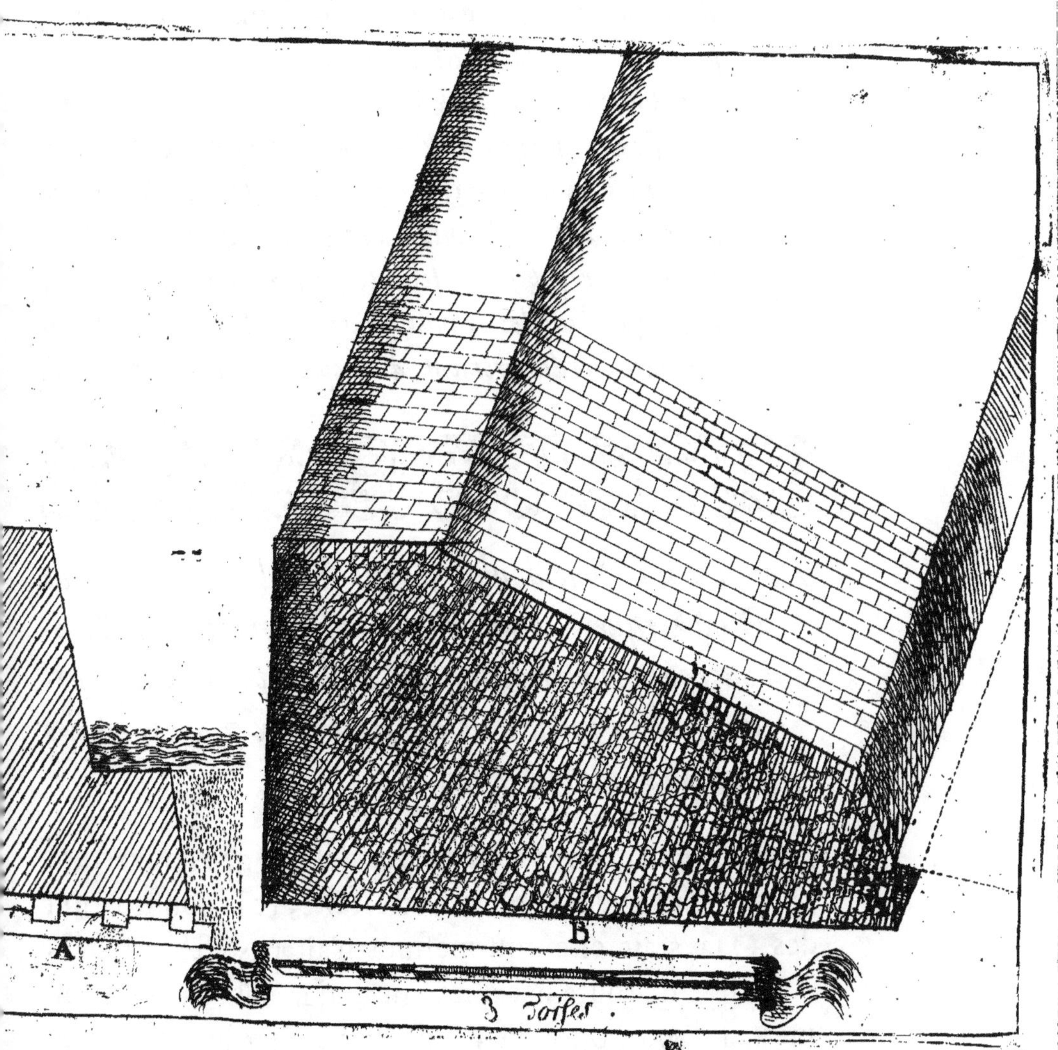

A. *Profil d'une portion du Quay proposé à fonder, sur un grillage, entre des sables, du costé de la plage, dressé pour donner lieu de resoudre si l'on construira ce Quay là de massonnerie; á chaux & à sable, ou si, faute de trouver une suffisante asseurance de ses fondations, on ne sera pas forcé à le construire de pierres seches, à cause de la violence des vagues, dont il sera souvent battu, pendant les vents de Midy & de Siroc.*

B. *Profil d'une portion de Quay à faire, de pierres seches, du costé de la plage, avec une grande estenduë de glacis, en cas que celuy, qui est proposé à construire, de massonnerie à chaux & à sable, au mesme endroit, ne fust pas censé d'une suffisante solidité, contre les vagues de la mer, qui dans les grands vents de Midy & de Siroc, viennent, ordinairement, à rompre contre cette plage-là.*

Devis d'un Pont double, tout semblable à ceux de Dunckerque, lequel est proposé à mettre sur l'embouchеure de l'Estang de Thau, pour communiquer, de la montagne de Cette, aux plages, & des plages à la montagne.

SVpposant, apres tout ce que dessus, que l'ouverture de l'Estang de Thau ait esté faite, & la construction des Quays ait esté, ou mesmes n'ait pas esté arrestée, il faudra, de toute necessité, supposer aussi un pont, au moyen duquel on puisse, sans empescher le passage des baſtimens de la mer, communiquer, de la montagne aux plages, & des plages à la montagne : Mais bien que ce pont ſe puiſſe faire de pluſieurs manieres; toutefois, parce que la portée de ſept toiſes d'ouverture, oppoſe icy d'aſſez grandes difficultés, à un Pont tournant ſur un ſeul pivot, qui eſt le plus aiſé de tous ceux qui ſe puiſſent ouvrir à des baſtimens de maſts eſlevés, il a eſté iugé à propos de projecter; & de faire icy le devis d'un ſemblable, à ceux de Dunckerque, lequel a eſté cenſé le plus accommodé aux ouvrages, ſur leſquels il doit eſtre poſé, qu'aucun autre, qu'on euſt, ſauf correction, pû imaginer, en ſemblable rencontre.

Ainſi lon conſtruira, ſur un bout de la jettée, propoſée à faire à l'emboucheure de l'Eſtang,& ſur la portion du Quay de la montagne, qui luy doit eſtre, directement oppoſée, deux Ponts dormans en ſaillie, qui auront chacun ſix pieds de longueur,& dix de largeur, dans œuvre, ſur quatre pieces de bois de cheſne, de vingt pieds de longueur, & de quinze poulces de groſſeur, en quarré, leſquelles eſtant bien aſſemblées, par un bout, dans une autre piece de pareille groſſeur & longueur, l'on eſtablira, ſous chacune d'icelles, un eſſelier, de pareille groſſeur, & de huit pieds de longueur; apres quoy lon mettra, par deſſus toutes ces pieces,des planches de bois de cheſne,pour la couverture deſd. Ponts dormans.

Apres cela, ſeront conſtruits deux ponts levis, de la longueur de quinze pieds chacun, ſur dix de largeur, leſquels ſe joindront à leur couppe; & dans chacun d'iceux, ſeront miſes cinq pieces de bois de cheſne, de quinze pieds de longueur, chacune, & de sept à huit poulces en quarré, bien assemblées, par les deux bouts, à tenon, & à mortaizées dans deux autres pieces de pareille grosseur, & de dix pieds de longueur, sur lesquelles seront posées des planches de bois de chesne, de deux poulces d'espaisseur, & arrestées avec des clous de six poulces de longueur.

En mesme temps, seront levés quatre posteaux de bois de chesne, de chacun dix-sept pieds de longueur, & de quinze poulces, en quarré, lesquels seront assemblés, à tenon, & à mortaisés dans les pieces traversantes d'enbas, & d'enhaut, avec douze liens, qui tiendront les posteaux, & les pieces traversantes, en telle sorte, que rien ne se puisse déboister, quand on levera les Ponts, pour le passage des Barques, & autres Bastimens, ou qu'on voudra les abattre pour celuy des charrettes, & autres choses necessaires au bien du commerce, & du public.

L'on establira aussi, à chacun des Ponts levis, deux fleches, de trente pieds de longueur, & de douze poulces en quarré, au gros bout, revenans à huit poulces au petit; Et pour leurs bassculés, six autres pieces de chacune douze pieds de longueur, sur douze poulces, en quarré, avec deux autres de quinze pieds chacune, sur douze poulces en quatré; Et outre ce, seize autres pieces de six pieds de longueur chacune, sur douze poulces en quarré, pour les croix saint André, qui doivent lier la charpente.

Mais afinque les ponts levis se rencontrent encore

en

plus iustement, chacun sur leur couppe, l'on establira, en chacun de ces posteaux, deux potences ,pour soulager les fleches, & pour les retenir dans la iuste mesure, où elles devront estre, pour le rencontre de cés Ponts levis, quand il y aura raison de les abaisser.

Quand à l a ferrure de ces Ponts levis,il y faudra quatre grandes bandes de fer, de chacune quatre pieds de longueur,& couldées par un bout,afin de soustenir les Ponts quand il y aura lieu de les lever, ou de les abaisser.

Il faúdra encore quatre tourillons, couldés, de chacun cinq pieds de longueur, avec leurs rondelles,& goupilles, aussi bien que quatre liens de fer, pour saisir ces tourillons là ; Et puis enfin quatre quoüettes de fonte, dans lesquelles ils puissent tourner.

Et quand à la ferrure des bassecules, il y faudra quatre mediocres verroux, pour les serrer dans leurs jambages, & quatre chaisnes pour les flesches,qui doivent soûtenir les Ponts, avec quatre autres plus petites chaisnes, pour les bassecules; sans compter mille cloux, ou environ, qui sont necessaires, pour le planchers des Ponts dormans, & des ponts levis, dont les pieces de charpente,& la grande partie de celles de la ferrure,se pourront reconnoistre, dans le dessein cy-dessous representé.

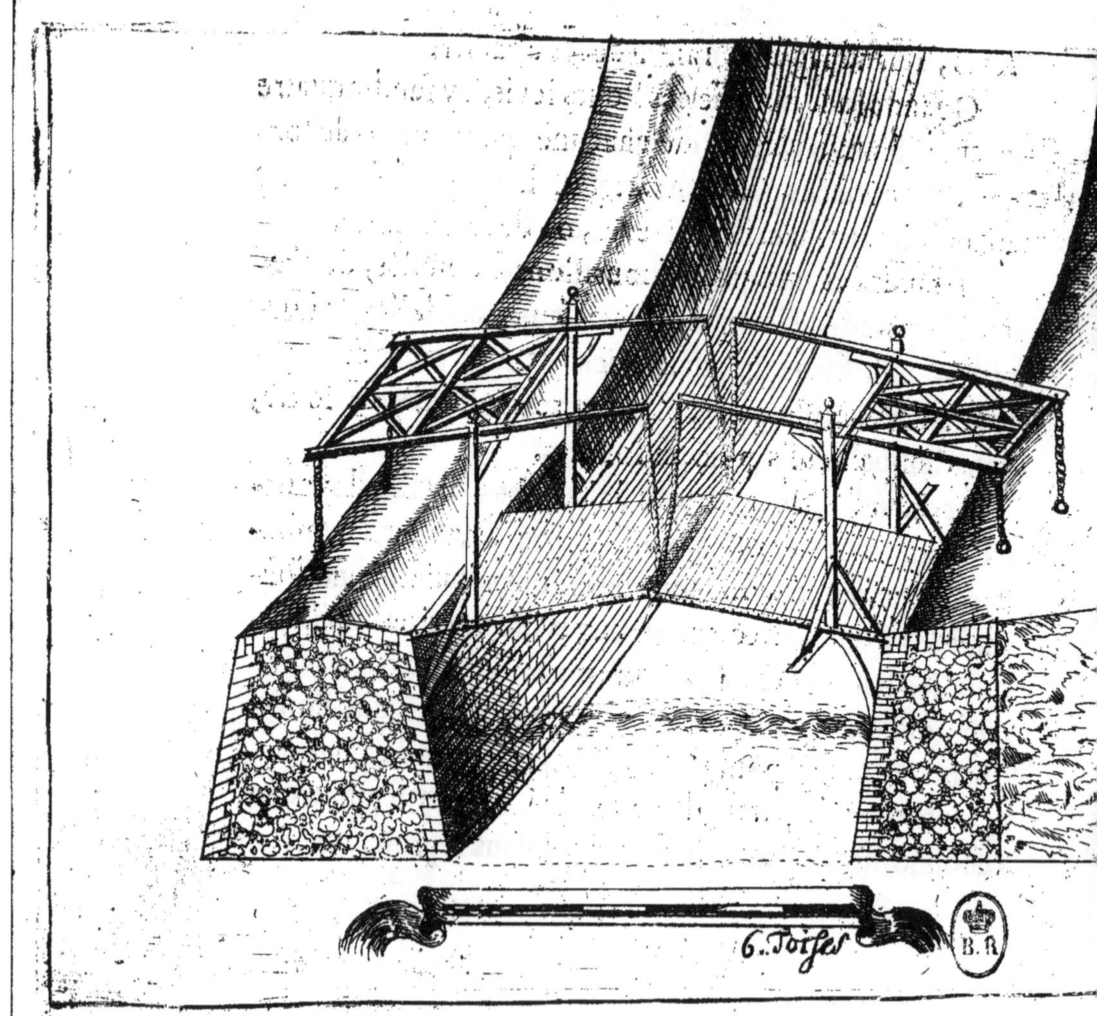
6. Toises

Devis particulier d'un canal, ou aqueduct, proposé à faire, au bout interieur de la grande jettée, pour introduire, dans les temps des vents de Labesche, de Midy, & de Siroc, des eauës, dans le Port, lesquelles y excitent des courans, qui enchassent les sables, ou du moins, les esloignent des lieux, où sont ses meilleurs moüillages.

APres avoir proposé des moyens de nettoyer le Port, soit en plaçant derriere les murs des Quays projectés, une partie des sables, qui s'y trouvent, soit en tirant l'autre, avec des engins ordinaires, pour la transporter dans des lieux, d'où elles ne reviennent plus, & apres avoir aussi exposé plusieurs autres choses, assez heureuses, qui pourroient contribuer à l'entretenir en une plus grande netteté, il reste, encore à proposer dans la mesme veuë, des expediens extraordinaires, au moyen desquels on y pourroit introduire, dans la saison de certains vents, des eauës lesquelles y excitassent des courants, qui en esloignassent les sables, par leur rapidité, ou du moins, qui, en les empeschant de s'arrester en des endroits nuisibles, par la commotion qui s'en feroit, les missent en estat d'estre emportés par quelques orages, comme l'ont esté cy-devant ceux qui s'estoient amassés entre la petite & la grande jettée, & concourussent encore de leur part, à tous les autres expediens, cy-dessus mentionnés : Mais parce qu'outre celuy de restressir l'embouchEure du canal de l'Estang de Thau, afin que les eauës comprimées, qui en sortiront, pendant la saison des vents de terre, agissent avec plus de force, contre les sables de question, il a encore esté imaginé un autre moyen de tirer, pour les mesmes fins, d'autre eauës, par le bout interieur du mole, il sera pour cela, fait une trenchée de cinquante toises courantes de longueur, sur vingt pieds de largeur reduite, & sur la profondeur de quinze pieds, dans le rocher, où l'extraction des pierres necessaires à la construction du mole, a fait une espece de petite plaine.

Cette trenchée, ou ce canal estant fait, dans son estenduë de cinquante toises, sur la largeur de trente-deux pieds, a son entrée, du costé de la mer, lesquelles reviendront à quatorze, du costé du Port, il sera bâty pour son revestement, un mur de quatre pieds d'espaisseur, sur quinze de hauteur, lequel sera composé de bonne massonnerie à chaux, à sable, & ciment, avec le parement de bon moisson par assisses, essoumillé & posé en bonne liaison, pour estre ce revestement espacé entre deux murs, de telle sorte qu'il y ait vingt-quatre pieds dans œuvre, à son entrée du costé de la mer, & six pieds seulement, à sa sortie, du costé du Port.

Mais parce qu'il sera bon de couvrir cet aqueduct, ou du moins une partie d'iceluy, il y sera fait pour cette fin, une voute en berceau, qui prendra sa naissance à dix pieds au dessus des fondations, & sera construitte de mesmes matereaux, & avec mesme soin que son revestement.

Et

Et dautant qu'il ſera neceſſaire de poſer, du coſté de Port, un empalement, au bout de cet aqueduct, afin d'en retenir, ou d'en lâcher les eauës, ſuivant qu'il en ſera beſoin, il faudra engager dans les murs de ſon reveſtement, & à la diſtance d'une toiſe de leur extremité, dudit coſté du Port, deux feüilleûres, de pierre de taille, d'un pied en quarre, pour y loger deux poſteaux, de bois de cheſne, de pareille groſſeur, afin d'y placer les couliſſes de cet empalement, de la charpente & de la ferrure, duquel il n'eſt point icy fait de devis particulier, attendu que la conſtruction en eſt à preſent fort connuë dans le pays. Cependant le deſſein de ce canal, ou aqueduct, ſe peut voir, quoy qu'en petit, à la lettre G. dans le plan du Port de Cette, qui eſt mis à la teſte du Memoire dreſſé cy-devant, ſur les ouvrages qui reſtent à y faire.

L'on propoſe encore un autre troiſiéme moyen de pouſſer, par des courans, qui ſeront quelques fois, d'une grande rapidité, les ſables qui ſe rangent du coſté de la plage, & qui reſtreſſiroient tellement la capacité du Port, s'il n'y eſtoit pourveû, qu'il ſe perdroit en peu de temps; Et pour cela on ſouſtient que ſi l'on perçoit ladite plage, de l'Eſtang à la mer, par un canal approchant de celuy qui eſt repreſenté à la lettre H. dans le petit plan mis à la teſte de ces Memoites, & auquel on donnaſt environ 320. toiſes courantes, dans une profondeur de ſix pieds, ſur une largeur de dix toiſes, aux emboucheures, qui ne reviendroit qu'à dix pieds de largeur, dans le milieu, de toute ſon eſtenduë, & que dans ce milieu là, on conſtruiſiſt un empalement, deſtiné à retenir les eauës de l'Eſtang, iuſques à ce que, par l'aſſiſtance des grands vents de terre, on trouvaſt quelques fois, occaſion de pouſſer, entre les deux jettées, les ſables qui roulent & s'amaſſent au long des plages, on les mettroit, par ce moyen, en priſe, aux premiers orages qui les emporteroient, dans le retour des eauës, qui ſortent pour lors avec la meſme impetuoſité, que les grands vents du dehors les y font entrer.

Il s'y trouve, certainement, une telle plauſibilité, en cette propoſition, que, nonobſtant quelques objections, qui s'y ſont faites, elle eſt cenſée, par un grand nombre de perſonnes fort capables, devoir produire des effets tres-utiles, pour les fins cy-deſſus mentionnées : Toutefois parce que dans l'ordre qui eſt à garder, pour les ouvrages qui ſemblent devoir eſtre conſtruits au Port de Cette, par preference les uns aux autres, celuy-là ne paroiſt pas devoir tenir l'un des premiers rangs, ie me contente de le preſenter, ſans l'appuyer, à l'excluſion des autres, cy-devant propoſés, & dont quelques-uns doivent iuſtifier, par leurs effets, le bon ſuccés qu'on doit attendre de ce dernier cy ; quoyque, de cela, & de toutes les choſes énoncées dans le Memoire cy-devant expoſé, auſſi bien que de toutes celles que i'ay alleguées dans les Devis que i'ay dreſſé ſur ce qui reſte encore à faire, en ce Port, pour ſon entiere perfection, ie m'en remets avec beaucoup de docilité, à toutes les perſonnes experimentées, & éclairées, qui, apres m'avoir fait la grace de loüer mes bonnes intentions, produiront des sentimens plus raisonnables, & plus avantageux que les miens, ou qui, du moins y voudront ajoûter, ou dimi-nuer ce qu'il leur plaira.

Mais, finalement, il est à remarquer que si, parmy toutes les propositions, cy-devant faites, des ouvrages necessaires à mettre le Port de Cette en une plus grande perfection, & à le maintenir, desormais, en une plus grande netteté, je ne me suis point attaché à traicter, particulierement, de sa bonté, c'est que l'experience de tant de Bastiments, qui sont demeuré, jusqu'à cette heure, en seurté, dans les plus grands orages, sans que les ancres d'aucuns d'entr'eux ayent chassé, est une preuve Physique, & tres-convaincante de cette bonté-là, sans obligation d'en alleguer d'autres plus fortes; Et si, outre cela, je n'ay point proposé d'en allonger les jettées, ny d'y porter, à la Mer, d'autres ouvrages de cette espece, c'est que je n'ay pas veû qu'il y eûst, à cette heure, aucune necessité d'y rechercher, dans des desseins d'une despense effroyable aussi-bien que d'une absurde imagination, rien audelà de ce qu'on y reconnoit, sensiblement, pouvoir, avec ce qu'il yà, presentement, de ces jettées, suffire au commerce de la Province, & à la retraicte des Bastiments capables d'aborder, en toutes saisons, les plages de Languedoc.

LE CHEVALIER DE CLERVILLE.

www.ingramcontent.com/pod-product-compliance
Lightning Source LLC
LaVergne TN
LVHW050454160826
845677LV00003B/778

9782329683072